TOUT COMMENCE PAR BONJOUR

L'HISTOIRE DE KATIE SUR LE SYNDROME DE PRADER-WILLI

PAR: DESTINY PACHA ED.D
ILLUSTRÉ PAR: TARA ESPINOSA BRADLEY

Tout commence par Bonjour L'histoire de Katie sur le Syndrome de Prader-Willi
Copyright © Destiny Pacha Ed.D., 2025
Première édition publiée en 2023 en auto-édition
ISBN: 979-8-9935189-1-6

Auteure: Destiny Pacha Ed.D
Directeur Créatif: Lauren Eggert/ Gray Fox Design Co.
Ilustratrice: Tara Espinosa Bradley

Le droit de Destiny Pacha d'être identifiée comme l'auteure de cette œuvre a été reconnu conformément au Copyright, Design and Patents Act de 1988

Tous les droits sont réservés. Aucune partie de ce livre ne peut être reproduite, stockée dans un système de récupération ou transmise sous quelque forme ou par quelque moyen que ce soit (électronique, mécanique, photocopie, enregistrement ou autre), sans l'autorisation préalable écrite de l'auteure.

À ma licorne, tu sais qui tu es. — DP

Traduit avec amour par
Karine Kabundi
Vice-Présidente de FPWR Canada
Maman d'Olivier (vivant avec le SPW)

Bonjour! Je m'appelle Katie! J'habite avec ma maman, mon papa, mon grand frère et mes deux chiens. J'ai le syndrome de Prader-willi, une maladie rare avec laquelle je suis née. On m'a dit que je suis tellement rare que je suis comme une licorne! Tout le monde est un peu différent, et c'est ce qui nous rend tous spéciaux. Peut-être que tu es gaucher ou que tu portes des lunettes. Peut-être que tu aimes la couleur brune, mais que ton ami préfère le bleu. Ou peut-être tu parles une autre langue ou que tu utilises des images pour communiquer.

QU'EST CE QUI TE REND DIFFÉRENT ET SPÉCIAL?

Quand je me lève, j'aime suivre ma routine du matin à la maison. Si je ne le fais pas, j'ai peur de rater quelque chose. Il m'arrive d'oublier des choses, alors un emploi du temps visuel m'aide beaucoup. Une fois que j'ai pris une habitude, je n'aime pas la changer. Ça me rassure de savoir ce qui va se passer ensuite!

AS-TU UNE ROUTINE DU MATIN OU UN HORAIRE À LA MAISON?

Autour de moi, il y a plein de choses qui attirent mon attention. Je me laisse vite distraire, alors j'ai souvent besoin d'un adulte pour m'aider à aller en classe. Pour rester concentrée sur mon travail, j'aime savoir ce qui vient après. C'est pourquoi j'ai un tableau "*D'abord... puis...*" sur mon bureau et mon professeur me rappelle souvent ce que je dois faire.

EST-CE QUE TOI AUSSI TU TE LAISSES PARFOIS DISTRAIRE QUAND TU VAS QUELQUE PART, OU AS-TU BESOIN DE RAPPELS POUR FINIR TON TRAVAIL?

Tu as peut-être remarqué que je mange toujours à la même heure et seulement la nourriture que j'apporte à la maison. En général je prends des céréales complètes, des protéines, un peu de fruits et beaucoup de légumes à midi. Les bonbons et autres collations que tu as peuvent me rendre malade, alors merci de ne pas partager avec moi. Si je mange quelque chose que je ne dois pas, il faut vite le dire à un adulte pour qu'il puisse me garder en sécurité.

EST-CE QUE TU AMÈNES TON REPAS À L'ÉCOLE OU TU MANGE À LA CAFÉTÉRIA (CANTINE)?

J'aime courir et jouer, mais mon corps se fatigue vite. Dehors, je peux avoir trop chaud ou trop froid sans m'en rendre compte. C'est pourquoi je peux avoir besoin de faire une pause ou me reposer après la récréation. Mes muscles ne sont pas très forts et je perds parfois l'équilibre. J'ai parfois besoin d'un adulte pour monter les escaliers ou jouer dans la cour de récréation. Mais ça ne m'empêche pas de bien m'amuser!

QUAND TU AS BEAUCOUP COURU ET JOUÉ, EST-CE QUE TU AS BESOIN DE FAIRE UNE PAUSE?

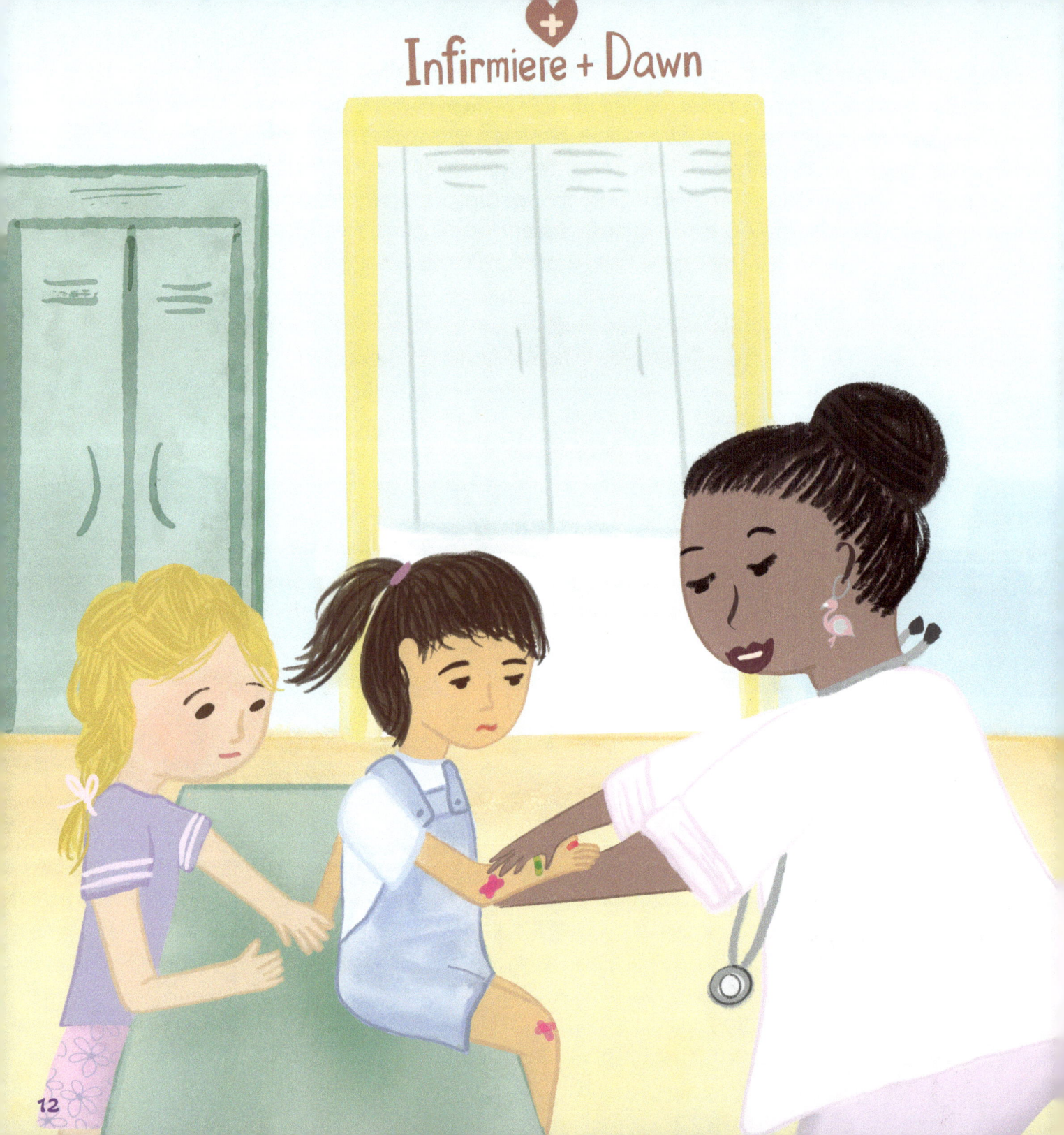

Quand j'ai une piqûre d'insecte ou une petite coupure, je gratte parfois trop. Alors je vais voir l'infirmière pour qu'elle me mette un pansement. Les pansements m'aident à ne pas gratter et à rester en sécurité. L'infirmière Dawn m'aide aussi quand j'ai mal au ventre ou si je tombe.

EST-CE QUE LES PIQÛRES DE MOUSTIQUES TE GRATTENT AUSSI? EST-CE QUE TU AS DÉJÀ EU BESOIN D'UN PANSEMENT OU D'ALLER VOIR L'INFIRMIÈRE? JE CROIS QUE ÇA ARRIVE À TOUS LES ENFANTS.

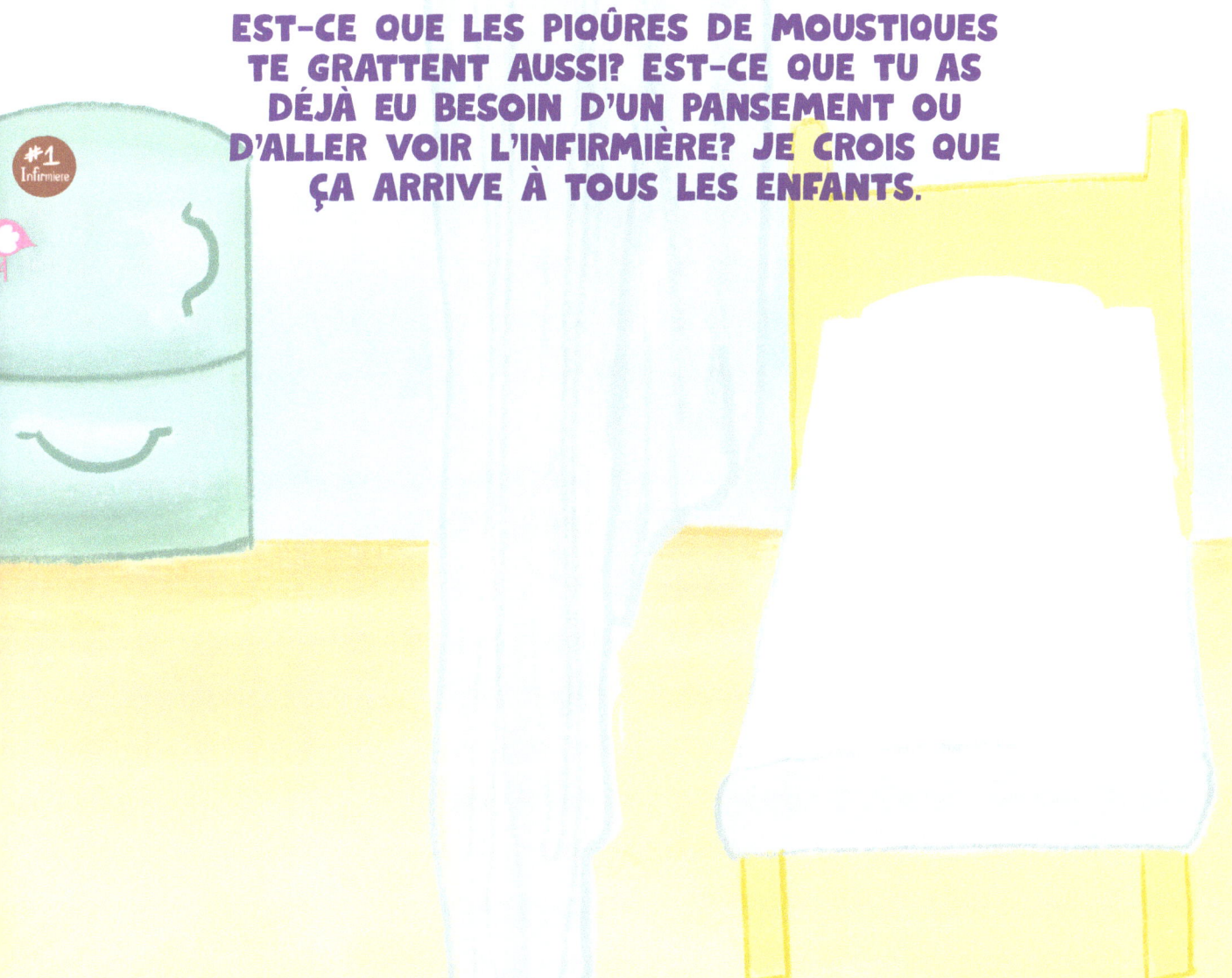

Pour moi, le changement c'est difficile! Je n'aime pas quand ma journée est différente. J'aime beaucoup les routines! Si on me prévient avant, ça m'aide, mais je pose quand même souvent plein de questions. Je ne veux pas déranger, je veux juste savoir ce qui va se passer.

Si je commence à me fâcher, c'est mieux pour moi d'avoir de l'espace et du temps pour réfléchir. Si j'ai besoin de me calmer, je peux aller dans un coin calme et jouer avec des casse-têtes ou des objets à manipuler.

ET TOI, QUAND TU ES FÂCHÉ(E), QUELLES ACTIVITÉS OU QUELS JOUETS T'AIDENT À TE CALMER?

Quand on me pose une question, il se peut que je ne réponde pas tout de suite. J'ai souvent besoin de réfléchir et de bien comprendre avant de parler. Si on me pose trop de questions en même temps, ça peut me mélanger. Alors, un adulte doit parfois me rappeler ce que je dois faire ensuite.

POUR QUELLES CHOSES AS-TU BESOIN DE PLUS DE TEMPS POUR RÉFLÉCHIR? EST-CE QUE TOI AUSSI TU AS PARFOIS BESOIN QU'ON TE RAPPELLE DE FINIR TON TRAVAIL OU UNE ACTIVITÉ?

Parfois, des expressions peuvent me troubler, surtout quand elles ne veulent pas dire ce qu'elles disent vraiment. J'apprends à connaître ce type de phrases mais j'ai parfois besoin d'aide pour certaines blagues!

SAVAIS-TU QUE QUAND ON DIT: "IL PLEUT DES CORDES" CELA VEUT DIRE QU'IL PLEUT TRÈS FORT DEHORS/ EST-CE QUE TU CONNAIS D'AUTRES EXPRESSIONS COMME ÇA?

Les assistants d'aujourd'hui :
   Katie
   Élodie
   Hugo
   Maxime

J'ai un grand cœur et j'adore aider mes professeurs et amis. Je me porte toujours volontaire pour aider, c'est une de mes activités préférées!

EST-CE QUE TOI AUSSI TU AIMES AIDER LES AUTRES? EST-CE QUE ÇA REND TON COEUR HEUREUX, COMME LE MIEN?

Même si j'ai le syndrome de Prader-Willi et que je fais certaines choses un peu différemment, on se ressemble beaucoup. Je suis peut-être rare, mais ce n'est pas grave. Je suis juste un enfant et je veux être ton ami(e) et tout commence par un bonjour!

ALLONS JOUER!!

POUR OBTENIR PLUS D'INFORMATION SUR LE SYNDROME DE PRADER-WILLI (SPW), VEUILLEZ-VOUS RÉFÉRER À CES EXPERTS:

POUR OBTENIR UN GUIDE DE LECTURE GRATUIT POUR ADULTES, AVEC DES EXPLICATIONS DÉTAILLÉES SUR LES TRAITS DU SPW DE KATIE ET DES RESSOURCES PEDAGOGIQUES IMPRIMABLES, CONSULTEZ EMPOWEREDSOLUTIONS.ORG

Cette traduction a été rendue possible grâce au soutien d'Acadia Pharmaceuticals, dont l'engagement envers la sensibilisation et la défense des maladies rares a permis de faire découvrir l'histoire de Katie à de nouveaux publics. Merci de croire au pouvoir du récit pour sensibiliser, encourager l'empathie et inspirer l'inclusion dans notre communauté.

À PROPOS DE L'AUTEURE

Dr. Destiny Pacha est une spécialiste de l'éducation sur le SPW (syndrome de Prader-Willi) avec plus de 20 ans d'expérience dans le domaine de l'enseignement. Elle se consacre à soutenir les familles en travaillant avec le personnel scolaire pour faire comprendre les implications éducatives du SPW. Elle propose également des services de consultation pour évaluer et mettre en place des procédures visant à créer un environnement scolaire sécurisé sur le plan alimentaire. Sa passion a toujours été de développer des opportunités d'inclusion créatives et significatives pour tous les élèves ayant divers handicaps. Ce livre poursuit sa mission Encourager l'empathie en incitant les enfants à accepter leurs différences tout en découvrant leurs points communs.